HISTOIRES DE PROPHETES

POUR ENFANTS

CE LIVRE APPARTIENT A:

....

....

....

......

SOMMAIRE

- **Prophète Adam PSL**.............................. 5

- **Prophète Nuh PSL**...........................20

- **Prophète Ibrahim PSL**...................,...35

- **Prophète Moussa PSL**........................55

- **QUIZZ**...70

- Ce livre contient les histoires des prophètes telles que mentionnées dans le Noble Coran et la Sunna du Prophète Muhammad PSL, présentées de manière simple et concise, en utilisant des images et des illustrations sans incarner ou représenter les prophètes ou les personnalités qui doivent être respectées dans notre religion.

- Le livre contient les histoires de quatre prophètes, ils sont Adam, Nuh, Ibrahim et Moussa que la paix soit sur eux.

- Le but principal du livre est de présenter les prophètes aux enfants, d'apprendre de leur morale et de tirer des leçons de leurs histoires afin que nous contribuions tous à construire un bon enfant musulman.

PROPHETE
ADAM

QUE LA PAIX SOIT SUR LUI

Dans un temps très ancien, Allah Tout-Puissant existait seul et personne n'était avec Lui. Ensuite, Il créa l'univers, les anges, la terre, y compris les arbres, les mers, les montagnes et les animaux.

L'histoire des humains commença par la création du premier être humain : Adam, que la paix soit sur lui. Allah Tout-Puissant le créa à partir de poussière mélangée à l'eau, puis le laissa jusqu'à ce qu'il devînt de l'argile noire. Ensuite, Il le façonna en tant qu'être humain.

Ensuite, Allah souffla l'esprit en lui, faisant de lui un homme capable de bouger et de parler, une créature vivante dotée du pouvoir d'Allah. Ainsi, Allah enseigna à Adam tous les noms et toutes les choses

Avant la création d'Adam, Allah Tout-Puissant avait dit à ses anges qu'Il créerait un être humain à partir d'argile, et leur avait ordonné de se prosterner devant lui.

Tous les anges se prosternèrent devant Adam immédiatement après sa création, mais Iblis refusa de se prosterner en disant : « Allah m'a créé du feu et a créé Adam d'argile, alors pourquoi devrais-je me prosterner devant lui alors que je suis meilleur que lui ? »

Avant l'incident d'Adam, Iblis fut l'un des adorateurs obéissants d'Allah. Mais après avoir désobéi à l'ordre d'Allah, Allah l'expulsa de Sa miséricorde et lui dit que le feu de l'enfer serait sa place le jour du jugement.

Iblis jura qu'il détournerait les fils d'Adam du droit chemin. Par conséquent, Allah l'expulsa de Sa miséricorde et lui dit que le feu serait sa place avec ses partisans parmi les fils d'Adam.

Ainsi, Allah ordonna à Adam de vivre au paradis, et de profiter de ses bienfaits.

Un jour, Adam se réveilla pour trouver une femme à côté de lui. Son nom est "Hawa". Allah l'a créée pour être la femme d'Adam car il était seul au paradis.

Adam et Hawaa vécurent heureux en profitant des bienfaits d'Allah Tout-Puissant au Paradis où il n'y a ni faim, ni soif, ni fatigue.

Allah leur ordonna de vivre au Paradis et d'en jouir de tous ses bienfaits, et de ne pas s'approcher d'un seul arbre. Il les avertit également des murmures d'Iblis.

Iblis décida de faire de son mieux pour faire sortir Adam et sa femme du paradis. Il alla alors vers eux et leur dit : 'Si vous mangez de cet arbre, vous deviendrez des rois et des anges'.

Alors, Iblees les induisit en erreur avec ses chuchotements, et ils mangèrent de l'arbre qu'Allah Tout-Puissant leur avait interdit.

Adam et Hawaa ressentirent leur faute et Allah les réprimanda : «Ne vous avais-Je pas interdit cet arbre? Et ne vous avais-Je pas dit que le Diable était pour vous un ennemi déclaré?»

Puis, Il les punit en les faisant descendre sur la terre, afin que ce soit un lieu d'établissement pour eux jusqu'au jour de la résurrection.

Adam et sa femme se repentirent de la faute qu'ils commirent et demandèrent pardon à leur Seigneur, alors Allah s'est tourné vers eux avec son pardon.

Ensuite, ils vécurent leur vie sur la terre dans laquelle nous vivons aujourd'hui et y ont eu leurs enfants.

LEÇONS APPRISES DE L'HISTOIRE

✓ L'homme est une créature honorable, préférée à beaucoup de ceux qu'Allah Tout-Puissant a créé. Allah, le Très-Haut, l'a favorisé en lui enseignant tous les noms, puis l'a honoré en faisant prosterner ses anges devant lui.

✓ **Le repentir annule ce qui l'a précédé, et les bonnes actions éliminent les mauvaises actions, alors Allah Tout-Puissant a accepté le repentir d'Adam, que la paix et les bénédictions soient sur lui.**

✓ La différence entre la désobéissance d'Adam, que la paix soit sur lui, et la désobéissance d'Iblis qu'Adam, que la paix soit sur lui, s'est repenti et a demandé pardon à son Seigneur, Gloire à Lui, quant à Iblis, il a persisté dans sa désobéissance et ne s'est pas repenti de son grand péché, il a donc été expulsé.

PROPHETE
NUH

QUE LA PAIX SOIT SUR LUI

Après la mort du Prophète Adam (PSL), les gens ont continué à adorer Allah. Cependant, un jour, ils ont commencé à différer et certains d'entre eux se sont égarés du droit chemin et ont commencé à adorer des idoles.

C'est pourquoi Allah envoya son Prophète Nuh (que la paix soit sur lui) pour avertir les gens de ne pas adorer les idoles et les inviter à adorer Allah.

Nuh resta avec son peuple pendant 950 ans. Au cours de ces années, il tenta de les appeler à croire en Allah de diverses manières possibles et à abandonner le polythéisme. Il avait l'habitude de les appeler jour et nuit, en secret et en public, mais seulement quelques-uns crurent en lui.

Le peuple de Nuh se moquait de lui, le traitant de menteur. À cette époque, Allah révéla à son Messager Nuh qu'il ne devait pas désespérer car le châtiment tomberait sûrement sur les mécréants.

Allah ordonna à Nuh de construire une immense arche en préparation du déluge qui allait s'abattre sur l'humanité et noyer les mécréants.

Nuh répondit à l'ordre de son Seigneur et commença la construction de l'arche selon ce qu'Allah Tout-Puissant lui avait enseigné.

Nuh construisit l'arche dans un endroit éloigné de l'eau de mer, de sorte que chaque fois que son peuple passait, ils se moquaient de lui.

Allah Tout-Puissant ordonna à Nuh que tous ceux qui avaient cru en lui montent sur l'arche avec lui, en plus d'un couple de chaque espèce animale, afin de préserver la vie sur terre après le déluge.

Ensuite, Allah révéla à Nuh que de fortes pluies tomberaient du ciel et que beaucoup d'eau monterait du sol, signes du début du déluge.

Et cela s'est réellement produit. Nuh entra dans l'arche avec ceux qui avaient cru en lui et un couple de chaque animal. L'arche commença alors à naviguer sur d'énormes vagues, et l'eau les entoura de tous côtés.

Nuh appela son fils à monter dans l'arche avec les croyants, mais son fils refusa et préféra rester sur la terre. Nuh supplia son fils de se repentir et de se joindre à eux, mais il refusa encore. Et lorsque l'eau du déluge atteignit son niveau le plus élevé, le fils de Nuh se noya, tout comme les autres incroyants.

Les vagues devinrent comme des montagnes, et tout le monde sur la terre se noya sauf Nuh et ceux qui étaient avec lui dans l'arche.

Enfin, Allah Tout-Puissant ordonna au ciel d'arrêter de pleuvoir et à la terre d'absorber l'eau, et la vie reprit son cours normal.

Et Nuh PSL vécut avec ses trois fils fidèles et avec ceux qui crurent en lui.

LEÇONS APPRISES DE L'HISTOIRE

✓ La Patience, Nuh a été très patient avec son peuple pendant 950 ans et n'a pas désespéré jusqu'à ce que l'ordre d'Allah Tout-Puissant lui parvienne, puis il a commencé la construction de l'arche.

✓ Allah est le faiseur de miracles. Il est capable de tout et Il est le roi de tout, et avec les difficultés vient la facilité et après les difficultés vient le soulagement d'Allah Tout-Puissant.

✓ L'obéissance à Allah Tout-Puissant est au-dessus de tout, car Nuh a quitté son fils parce qu'il désobéit à Allah.

PROPHETE
IBRAHIM

QUE LA PAIX SOIT SUR LUI

Ibrahim, que la paix soit sur lui, est né dans un environnement rempli d'incrédulité, de polythéisme et d'idolâtrie. Mais il savait que ces idoles étaient inutiles et, depuis son enfance, il savait qu'il y avait un Créateur plus grand que ces idoles.

C'est pourquoi Allah Tout-Puissant t'a choisi et envoyé vers son peuple pour les dissuader d'adorer les idoles et de croire en Allah.

Le père d'Ibrahim était un idolâtre, et malgré les conseils doux et gentils d'Ibrahim, il persista dans son adoration des idoles qui ne peuvent ni nuire ni aider.

Ibrahim commença par appeler son peuple à abandonner l'adoration des planètes et des idoles pour adorer Allah. Cependant, son peuple le rencontra avec déni et moquerie.

Un jour, les habitants de la ville sortirent pour célébrer leur fête. Cependant, Ibrahim choisit de rester dans la ville et ne pas sortir avec eux. Il se dirigea ensuite vers le temple et détruisit toutes les idoles, à l'exception de la plus grande.

Lorsqu'ils revinrent et découvrirent que leurs idoles avaient été brisées, à l'exception de la plus grande d'entre elles, ils se précipitèrent chez Ibrahim. Celui-ci leur expliqua alors que la grande idole était la coupable de la destruction des autres idoles.

Quand il est devenu évident pour eux que leurs idoles ne bougeaient ni ne parlaient, ils sont devenus très en colère et ont décidé de punir Ibrahim PSL pour avoir détruit leurs idoles. Ils ont décidé de le jeter dans un grand feu.

En effet, ils allumèrent un grand feu et se préparèrent à jeter Ibrahim dedans. Mais Ibrahim était sûr qu'Allah le sauverait certainement de leur crime.

Et par un miracle d'Allah, Allah rendit ce feu une fraîcheur salutaire pour Ibrahim et il en sortit sain et sauf. « Nous dîmes: «O feu, sois pour Abraham une fraîcheur salutaire».

Malgré le fait que le peuple d'Ibrahim ait été témoin de miracles qui indiquaient la véracité de son message, ils ont continué dans leur incrédulité et leur égarement.

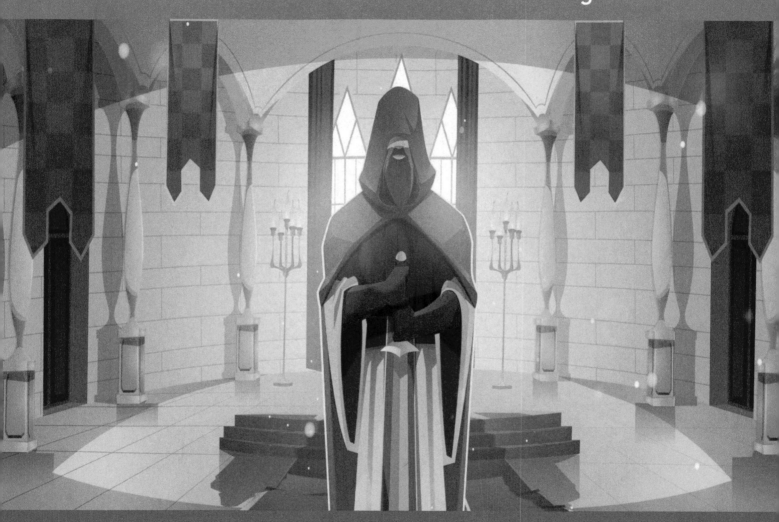

De plus, ils eurent un roi injuste nommé Nimrod qui prétendit qu'il était un dieu. Ibrahim alla donc vers lui pour l'appeler à adorer le vrai et unique Dieu: Allah seul.

Nimrod dit : « Qui est ton Seigneur, ô Ibrahim ? » Ibrahim lui dit : « Mon Seigneur est celui qui donne la vie et la mort. » Nimrod dit : « Je donne la vie et cause la mort ». Puis il amena deux hommes qui avaient été condamnés à mort, et il dit à ses gardes : « Tuez celui-ci et laissez l'autre »

Ibrahim dit alors : « Puisque c'est Allah qui fait venir le soleil du Levant, fais-le donc venir du Couchant. » Ainsi, Nimrod fut complètement vaincu."

Cependant, lorsque Ibrahim et sa femme Sarah se rendirent en Égypte pour inviter les gens à adorer Allah, ils furent confrontés à un roi tyrannique.

Chaque fois qu'il voyait une femme, il la prenait pour lui, mais lorsqu'il s'approcha de Sarah, il fut frappé de paralysie. Il eut alors peur d'elle et lui offrit des cadeaux ainsi qu'une servante nommée Hagar.

Ensuite, Ibrahim est retourné avec sa femme Sarah et leur servante Hagar à Al Sham. Sarah était stérile, alors elle a proposé à Ibrahim d'épouser Hagar pour avoir des enfants avec elle. Des mois plus tard, Hagar est tombée enceinte d'Ismail.

Un jour, trois hommes magnifiques vinrent rendre visite à Ibrahim. Allah les avait envoyés pour annoncer la naissance de son fils Isaac à sa femme Sarah, et pour lui annoncer qu'ils allaient infliger des tourments au peuple de Lot.

Ainsi, Sarah tomba enceinte d'Isaac, et Ibrahim remercia Allah Tout-Puissant de lui avoir donné deux fils malgré son âge avancé.

Ibrahim (PSL) sortit avec Hagar et son fils Ismail, par l'ordre d'Allah Tout-Puissant, vers La Mecque. La Mecque à cette époque était une terre aride sans eau ni nourriture. Donc, Ibrahim laissa sa femme et Ismail, qui était un bébé, dans ce pays vide par ordre d'Allah Tout-Puissant, et il était sûr qu'Allah ne les abandonnerait pas.

Puis, il retourna seul à Al Sham en disant:"O notre Seigneur, j'ai établi une partie de ma descendance dans une vallée sans agriculture, près de Ta Maison sacrée [la Kaaba], ô notre Seigneur afin qu'ils accomplissent la Salât. Fais donc que se penchent vers eux les cœurs d'une partie des gens. Et nourris-les de fruits. Peut-être seront-ils reconnaissants"

Après quelques jours, Hagar et Ismail manquèrent d'eau et de nourriture, et Ismail commença à pleurer de soif. Hajar grimpa alors sur Hill Al-Safa puis sur Hill Al-Marwa pour chercher de l'eau ou de la nourriture.

Soudain, l'eau jaillit par l'ordre d'Allah Tout-Puissant sous le pied d'Ismail. Cet endroit est ce qu'on appelle maintenant le puits de Zamzam.

Un jour, Ibrahim reçut un ordre d'Allah de sacrifier son fils bien-aimé, Ismail. Ibrahim obéit à cet ordre et raconta à son fils ce qu'il avait vu en rêve. Ismail accepta également l'ordre d'Allah. Ibrahim prit alors un couteau pour sacrifier son fils.

Puis, le miracle s'est produit : Allah récompensa Ibrahim et Ismail pour leur patience et leur obéissance à son ordre. Allah leur envoya un mouton à sacrifier à la place d'Ismail, et cela fut un grand test de la part d'Allah pour eux.

Il y a plusieurs siècles, Allah avait ordonné à Adam de construire la Kaaba, mais ses caractéristiques avaient disparu. Alors, Allah ordonna à nouveau à Ibrahim de la reconstruire afin que ce soit une maison dans laquelle les gens adorent Allah.

Ibrahim répondit à l'ordre d'Allah et construisit la Kaaba avec l'aide de son fils Ismail, en disant: "Notre Seigneur, accepte [ceci] de nous. En effet, Tu es l'Audient, l'Omniscient."

Des années et des siècles s'écoulèrent après la construction de la Kaaba et les descendants d'Ismail se multiplièrent jusqu'à ce qu'Allah Tout-Puissant envoya l'un de ses descendants, notre Prophète Muhammad, que la paix soit sur lui.

ÉCRIVEZ CE QUE VOUS AVEZ APPRIS DE L'HISTOIRE

✓ ....
....
....
....
....

✓ ....
....
....
....
....

✓ ....
....
....
....
....

PROPHETE
Moussa

QUE LA PAIX SOIT SUR LUI

Il était une fois, dans l'Égypte ancienne, un pharaon qui gouvernait le pays avec injustice et tyrannie. Il prétendait être un dieu et forçait les gens à l'adorer.

Ainsi, il y avait un groupe dans son peuple appelé les enfants d'Israël qui étaient les descendants du prophète Jacob, que la paix soit sur lui. Pharaon utilisait les femmes israélites comme servantes et les hommes comme travailleurs forcés.

Un jour, les prêtres lui dirent qu'un garçon naîtrait des enfants d'Israël et mettrait fin à son règne en Égypte. Pharaon fut terrifié d'entendre cela et ordonna à ses soldats de tuer chaque nouveau-né mâle des enfants d'Israël..

Le prophète Moussa, que la paix soit sur lui, est né durant l'année où Pharaon ordonnait la mise à mort des nouveau-nés. Ainsi, sa mère eut très peur pour lui.

Alors, Allah lui inspira de le mettre dans un panier et de le jeter dans le Nil, avec la promesse qu'Il le protégerait de tout mal et qu'Il le ramènerait à elle plus tard.

En effet, la rivière emmena Moussa au palais de Pharaon et soudain, la femme de Pharaon le vit dans une petite boîte sur la rivière. Elle l'aima beaucoup et demanda à Pharaon la permission de le prendre soin de lui.

Moussa grandit dans le palais de Pharaon, et Allah lui donna la connaissance, la sagesse et la force. Un jour, il passa devant deux hommes qui se disputaient : le premier était un enfant d'Israël, le peuple de Moussa, et le second un Égyptien. Moussa intervint pour protéger l'Israélien.

Soudain, Moussa involontairement tua un homme égyptien. Il regretta son acte et se repentit auprès d'Allah. Il prit alors la décision de fuir l'Égypte par crainte de la vengeance de Pharaon.

Moussa, que la paix soit sur lui, marcha pendant des jours jusqu'à ce qu'il atteigne une ville appelée Madyan, où il trouva des gens abreuver leurs moutons et deux femmes derrière eux.

Il alla vers elles et leur demanda pourquoi elles abreuvaient les moutons, même si elles étaient deux femmes faibles. Elles lui répondirent que leur père était un vieil homme. Moussa les aida alors en abreuvant leurs moutons.

Les deux femmes retournèrent auprès de leur père et lui racontèrent ce qui s'était passé avec Moussa. Le père envoya alors chercher Moussa pour le récompenser de sa bonne action. Moussa lui parla de son évasion de Pharaon, et l'homme lui assura qu'il était en sécurité tant qu'il résidait à Madyan.

Puis, il lui proposa de s'occuper de leurs moutons pendant 8 ans en échange d'épouser l'une de ses deux filles, et Moussa accepta.

Après la fin de la période, Moussa partit avec sa femme. Soudain, il vit un feu au loin et lorsqu'il s'en approcha, Allah Tout-Puissant lui parla à travers le feu et lui annonça qu'Il l'avait choisi pour être Son messager auprès de Pharaon. Allah lui donna l'ordre d'aller vers Pharaon et de l'inviter à adorer Allah Tout-Puissant.

Aussi, Allah le soutint avec des miracles tels que le bâton qui se transforme en un énorme serpent et sa main qui devient blanche par la volonté d'Allah. Moussa demanda à Allah d'envoyer son frère Aaron avec lui, et Allah lui répondit

Moussa et Aaron se rendirent en Égypte pour inviter Pharaon à adorer Allah. Cependant, Pharaon se moqua d'eux et les traita de menteurs. Moussa lui montra alors les signes qu'Allah lui avait accordés, comme le bâton qui se transforma en un énorme serpent et sa main brune qui devint blanche par la volonté d'Allah.

Lorsque Pharaon vit les signes, il accusa Moussa d'être un sorcier, puis il lui proposa une confrontation entre lui et les sorciers de sa cour, et Moussa accepta l'offre.

Pharaon rassembla les meilleurs de ses sorciers et ils jetèrent leurs bâtons et cordes qui se transformèrent en serpents. Ensuite, Moussa lança son bâton qui se transforma en grand serpent et dévora tous les autres serpents de Pharaon.

Alors les sorciers réalisèrent que Moussa n'était pas un magicien, ils crurent alors en lui.

Pharaon était en colère à cause de la conversion des sorciers et il leur promit de les torturer sévèrement. Allah inspira Moussa à emmener les enfants d'Israël sortir la nuit. Lorsqu'ils atteignirent le rivage, Pharaon et ses soldats les poursuivirent.

Alors Allah inspira à Moussa de frapper la mer avec son bâton. Tout à coup, la mer se fendit et Moussa et les enfants d'Israël traversèrent de l'autre côté. Lorsque Pharaon et ses soldats les suivirent et entrèrent dans le passage, l'eau se referma sur eux et ils se noyèrent.

Moussa et son peuple ont vaincu Pharaon et se sont dirigés vers le Sinaï. Allah a ensuite parlé à son prophète Moussa sur la montagne du Sinaï et lui a fait descendre la Torah, qui contient les règles et les lois pour montrer le chemin du bien et du mal.

ÉCRIVEZ CE QUE VOUS AVEZ APPRIS DE L'HISTOIRE

Comment s'appelle le premier être humain créé par Allah Tout-Puissant ?

MOUSSA

ADAM

NUH

Adam PSL s'est-il repenti de son péché ?

Oui

Non

Combien de temps Nuh PSL a-t-il appelé son peuple à croire en Allah ?

100 ans

350 ans

950 ans

Quel fut le désastre qui s'abattit sur les habitants de Nuh après leur incrédulité ?

tornade

Tremblement de terre

Inondation

Comment s'appelle le fils que Allah ordonna à Ibrahim d'égorger ?

ISMAEL

YAACOB

ISAAC

Où Ibrahim a-t-il construit la Kaaba ?

La Mècque

Medina

Palestine

Où Moussa a-t-il vécu enfant ?

Al Sham

Madyan

Egypte

Quel est le livre qu'Allah Tout-Puissant a révélé à Mussa ?

Torah

Coran

Gospel

Comment Allah Tout-Puissant a-t-il détruit Pharaon et ses soldats ?

En se noyant

En brûlant

En guerre

Printed in Great Britain
by Amazon

39523000R00044